내 속눈썹 속 제비집

리토피아포에지 · 158
내 속눈썹 속 제비집
인쇄 2024. 3. 30 발행 2024. 4. 5
지은이 안 영 펴낸이 정기옥
펴낸곳 리토피아
출판등록 2006. 6. 15. 제2006-12호
주소 21315 인천광역시 부평구 평천로255번길 13, 부평테크노파크M2 903호
전화 032-883-5356 전송032-891-5356
홈페이지 www.litopia21.com 전자우편 litopia999@naver.com

ISBN-978-89-6412-179-9 03810

값 12,000원

* 이 책은 한국예술인복지재단 창작준비금 일부를 지원받았습니다.

안 영 시집

내 속눈썹 속 제비집

리토피아
LITERATURE & UTOPIA

시인의 말

유독 눈보다
비가 많이 내린 겨울이었다.
추웠던 겨울의 뒤에
다시 봄비가 내리고
삶의 가지마다 봄꽃이 활짝 피었다.

오래전에 쓴 시들을 모아
두 번째 시집을 준비하며
구멍 난 내 모습을 발견한다.

시를 쓰는 일은
때때로 얼굴 붉어지고
새삼 더욱 고개 숙여지는 부끄러움 속에서
다시금 꽃 피우고 싶은 열망으로 점철된다.

겨울비로
봄비로
다만 한 송이 꽃을 피우고 싶었다.
지나고 보면
순간순간이 경이로운 바람의 길이겠다.

2024년 봄
안 영

차례

제1부 검정 고무신

제2부 숨겨진 것들

제3부 저문 들녘

제4부 멍에

| 제1부 |

검정 고무신

노래

치자꽃처럼 피어나
내 가슴에 안긴
넌 나의 의미

닳고 닳아 엄마 무릎에서
악기 소리가 난다는
문자로 찍은 노래

어느 입맛 놓아 버린 날
도가니탕을 보냈지
무릎에 좋다고 해 보낸다는
다정은 후렴

녹음해 두고
듣고 또 듣고만 싶은
치자꽃 향기

내 무릎에 잠들던

없는 길

눈 덮인 세상
김제장 가는 날
어머니 첫 발자국이 길이 되었다

인절미 함지박 머리에 이고
자라가 되었다 목이 쑥
앞만 보고 걸었다

고무신 속 발이 꽁꽁
치맛자락은 동태처럼 와그락거렸다

환갑도 못 되어 가버린 남편
눈 쌓인 선산에 묻고
지워진 길 더듬어 내려온 뒤로
평생 없는 길 내며 살았다

그날처럼 폭 폭 눈 내려 쌓인다

어머니, 고봉밥 지어 놓고
없는 길 헤쳐 오실 남편을
기다리신다

발자국

쌓인 낙엽 속에
고양이 한 마리 웅크리고 있다
수녀원 고양이는 기도 중이다
초겨울이 마당 안으로 들어왔다가
빠져나가고 있다

우묵하게 들어간 가슴팍
세상 혼자였던 것들
제 발자국을 버리고 길을 낸다
비로소 합창이 된다

침묵의 시간은 길었다
발목 젖은 고양이를
감싸주는 따듯한 낙엽
내가 찍고 싶은 그 발자국이다

어둠의 길을 건너온 내 발자국

지울 수가 없다
환부를 드러내는 어제가
기억으로 휘청대고

몰랐네

아직 복사꽃 한창일 땐
몰랐네
떠나오는 나에게
기어이 가야 하는지 물었을 때
그땐 정말 몰랐네

바람 불고
그치지 않고 눈 내리네
뒤꼍 대밭이 웅성웅성 쌓인 눈에
휘청거리네

해가 지고 이윽고
세상은 온통 검은 그림자
결국 안타까워질 거란 걸
미처 몰랐네

그을음의 시절

말갛게 등피를 닦으면 보이려나,
손수건을 꺼내네
떠나온 그 사람 끝내 얼룩이 될 줄
진정 몰랐네

새 · 1

울지 않았다

때늦게 찾아간 토요일 오후
손 꽉 잡고 놓아주지 않았다

이승과 저승 사이에서
가쁜 숨을 골랐다

평생 넘고 넘은 산등성이마다
꽃잎을 뿌리시는지
다문 입꼬리에 보일락 말락 산매화가 맺혔다

이별의 시작이었다
삼월 끝자락이었다

잠시 앉았다 가는
이승의 나뭇가지 끝

고이 날개를 접고 두 눈을 감았다

한 마리 새

오후

농막 양지에 앉아
점심을 먹는다
까치가 차려 준 밥상은
컵라면에 찬밥 한 덩이

밥을 먹는 것인지
봄을 먹는 것인지
재촉할 일 없는 식사 시간
때마침 한 마리 꿀벌이 날아온다
잉잉
남자는 두꺼비 손으로
얼굴을 가려주고

상추쌈도 안 했건만
풀려버린 눈을 감는다
나른한 지상의 한 토막
호미가 쉬는 시간이 좋다고

바람도 날개를 접는다

진보라 제비꽃이 흔들리는
한나절

검정 고무신

올챙이 집이었다가
소꿉놀이 적 흰구름을 가둬 둔
밥그릇이었지

검정 고무신,
추석 전날 밤 머리맡에
새 신발을 놓고 잠이 들면
어머니는
꽃가루를 가득 넣어 주셨지
한겨울 푹신한 짚을 넣어 주셨지

발을 씻다가 그만
한 짝 떠내려 보냈지 동동거리며
울어 봐도 소용없었지
끝내 찾을 수 없었지

냇물 따라 흘러간 한 짝

그 신발 따라 나 여기까지 흘러왔지
오늘도 나를 싣고 떠나가는
먼 유년의 쪽배 한 척

홍시

사랑싸움했다
나는 박박 감이 떫다고 우기고
그는 사과가 시다 고집부리고

나는 안방 그는 거실
아직 시월인데 냉기가 돈다

입 꾹 닫고 마주앉아 밥을 먹는다
약속한 사람,
원망하다 딴생각한 탓일까
내가 집어 든 막 맛들은 김치가
그의 젓가락에 집혀 있다
한 가닥 김치를 서로 잡고 있다

입 닫고 밥을 먹고
입 닫은 채 그릇을 닦는다

물먹으러 온 그와 어깨 부딪힌다
멋쩍어 서로 먼저 눈을 거둔다

설거지를 끝내자
잘 익은 감 같은 달이 창문에 주렁주렁
다디단 홍시를 따 후식을 내간다

유난히 달 밝다

붉다

제 탓에 팔아먹은
과수원을 되찾았다
허리 한 번 펴지 않고
사과를 솎는다

굳은 손마디 오므렸다 편다
아침부터 저녁까지
저녁부터 아침까지

잘못을 솎아내듯
후회를 솎아내듯

아버지께 빌지 못한 잘못에
평생 마음 붉었다고
제가 가꾸는 사과도
죄지은 제 낯처럼 붉을 거라고
흐르는 땀을 훔친다

아버지의 용서인 듯 저녁 바람이
그의 어깨에 내린다
노을이 붉다

그녀

삼월이 사월로 간다

뿌연 먼지 가득한 세상
군자란이 환하다

계절이 오고가는지는
관심 없어도
군자란을 좋아하던

행여 내가 시들면
새벽까지 이마를 짚어 주던 그녀
말을 버렸다

유독 군자란만 좋아하던 그녀
삼 년 만에 핀 저 꽃처럼
다시 필까

환하다

한 송이 꽃이다
넘어져 다치지 않도록
따뜻이 감싸는

꽃망울 열린다

젊은 시절엔
지나는 길마다 싸락눈 내려
아무도 말 건네지 못하는
얼음장 같던 사람

아픈 아내 안방에 눕히고
행여 깰세라 뒷걸음질친다
잘 자라, 꽃 꿈꿔라

황혼녘
그가 가꾸는 꽃밭이
환하다

동치미

평평 함박눈 내리면
고구마를 삶았다 어머니는
한 양푼 동치미를 꺼내 오셨다

살얼음 뜬 동치미를
한입 물면
주먹으로 암만 쳐 봐도 답답하던 가슴이
후련해지곤 했다
삶은 고구마에 체한 듯
내내 답답하기만 했던 내 열일곱은
그렇게 지나갔다

또 체했다냐,
어머니는 자주 고개를 갸우뚱하셨다
그해 겨울 다 가도록 한 양푼 동치미를
말없이 내 방에 밀어넣곤 하셨다

차마 하소연 못 하고
동치미만 먹어대던 그해 겨울처럼, 펑펑
함박눈 내린다
고구마 삶아 줄 어머니도 없이
담가 둔 동치미도 없이

통증

이제 더이상
아플 일 없겠습니다

가슴을 사금파리로 후빈 듯
숨을 들이마실 수조차 없는 통증,

세상 어디에도
이보다 더한 고통은 없어
두 눈을 감아 버렸습니다

울창한 자작나무 숲속에서
하얀 얼굴 하나가 떠올랐습니다
나를 버리고 떠난 사람
내 가슴에 박혀 아렸던 것입니다

그 사람
지워 버리면 이 통증 없어지겠지요
그림자조차 지웁니다

봄비

사나흘 비 내리고
아파트 어둡다

감감 나를 더듬는다

악착같은
잡념
쓰레기봉투 속으로 밀어 넣는다

분리수거,
재활용도 못 할

| 제2부 |

숨겨진 것들

쥐똥나무꽃

자음과 모음을 모은다
여든셋 할머니는
한글이 어렵다고 한다
한 글자 만들며 한숨을 몰아쉰다

하롱하롱 꽃잎이 지듯
비에 젖은 봄날이 사그라들고 있다
연초록 이파리 돋고
향기로운 꽃이었던

복지관 울타리에
쥐똥나무꽃이 피어 있다
삐뚤빼뚤 표준활동지를 메꾼 할머니를 칭찬하듯
하얗게 웃고 있다

벚꽃

흥건한 달빛 사이
벚꽃은 꽃이 아니었다
내 가슴에
화살보다 더 깊게 박혔으니

달빛 아래 꽃 덤불 속에서
두 손을 맞잡더니
계절도 바뀌기 전
기약 없이 떠나갔다
전설 같은 풍문과 함께
그의 그림자 다시 볼 수 없었다

봄바람에 꽃잎이 흩날린다
그 밤처럼 달빛 교교히 흐르고
세월의 강물은 저만치
흘러 흘러서 갔다

골무꽃

홀시아버지
외벌 두루마기 손질하다 말고
먼 하늘에 침침한 눈 주고 있는
연자줏빛

산기슭 초가집 툇마루
바늘에 찔린 며느리 손끝에 돋는
저녁놀

진눈깨비

친구 떠나간 날
온종일 진눈깨비 내렸습니다

사라진 그림자를 밟는 일은
외길 산길이었다가
망망한 바다였다가

발자국은 금세 지워지고

길 위에 서성이는 내 눈가도
종일 질퍽거렸습니다

오월

서두른 계절이
금낭화 한 줄기를 피웠다
주렁주렁

초록은
마음에 여백이 없는 이와
삶의 밑동이 약한 이에게
의자를 내어 준다
나날이 짙어 간다

태양은 온유하고
바람은 그윽하다
어느새 금낭화 주머니에
가득찬 계절

봄동

갓 스물에 객지
청춘은 쉬이 오지 않은 봄만 같았다

문풍지를 흔드는 꽃샘바람
얼음집에 핑크빛 맞주름 커튼을 달고
하늘을 가리곤 했다

햇살 비치면 사라질
뜨지도 않은 무지개 꿈을 꾸다가
소나기를 불러들이기도 했다

그 봄,
곰삭은 새우젓으로 버무린
엄마의 봄동 김치 생각이 자주 났다
울며불며 나조차 그렇게
버무리고 싶었다

가는 봄

언제 봄이 왔었나,

계절은 은밀히
꽃잎 몇 장 흩뿌려 놓고
숨이 차 언덕을 오른다

물이 들기는 했었나,

자운영꽃밭엔
잉걸불 벌써 자울고
몇 날 며칠 황사가 침침하다

하얀 찔레꽃만
따갑게 따갑게
한철 모퉁이에 남아
찔러 댄다

안경

안경을 맞췄다

젊은 날엔 젊음이 보이지 않았고
사랑에 빠졌을 땐
사랑이 보이지 않았다

어느 것도 제대로 볼 수 없어
흔들리고 두 겹인 세상

내가 흘린 말도 보이지 않고
바람이 쓸어 간
그림자도 만질 수 없다

취한 듯 멀건 대낮
세상이 춤을 춘다
나도 따라 비틀거린다

또 몇 달 지나야 안경에 나를
맞출 것이다

그날로 가면

출렁이는 초록 물결 따라
계절의 끝에 섰다

마지막 한 잎까지
달콤한 향기로 피었다 지는
모란에 감전되었다
풀풀 장미는 분 냄새를 흘리고
이런 날엔
호명할 이름이 많다

떨어지는 꽃잎 치마폭에 받으며
멈출 수 없고
유턴도 되지 않는
세월을 거슬러 본다

가슴에 잉걸불 피어오르던
그날처럼

나를 스쳐간 저 오월의 꽃바람
다시 불어올까?

햇살이 그린 성당

아침 아홉 시 반
퍼지는 햇살이
대건신협 통유리창에
전동성당을 그려 놓았다

광장까지 무단횡단
헉헉거리는 햇살이 뜨겁다
파란 유리창에
종탑을 그리고
붉게 핀 배롱나무 사이로
종소리를 날린다

꼭대기엔 십자가
무거운 발자국은
계단에 올려놓았다
두 손 모으고 기도하는 나는
성당 안에 있을 것이다

손차양 아래로
햇살이 그린 성당에서
종소리 들린다

유추프라카치아

어느 봄
너는 나를 한번 스쳤을 뿐인데

차츰 생기를 잃어가는 나

기다려도 기다려도
만지고 어르고
달콤한 말 쏟아내는
스포트라이트는 켜지지 않고

두 번 다시 만날 수 없는 너

결핍은 채울 수 있지만
욕망은 채울 수 없음을 깨닫기까지
너무 오랜 세월이 흘렀다

유추프라카치아를 닮은 나
내 안에 갖아들었다

저녁

사나흘 쏟아진 폭우에
가뭇없이 사라진 안식처

파르르 참새의 날갯짓
가슴은 아직 할딱거렸고
체온 식지 않았습니다

알전구처럼 반짝이던
눈이 흐릿해
담장에 핀 능소화 한 송이 따다가
머리맡에 놓았습니다

잘 가라,
쉰 소리 마지막 인사말이
공중에서 짹짹거렸습니다

저녁이 축축하게 젖어 있었습니다

숨어들다

세상 어디
숨 쉴 곳 없었습니다

깨알만 한 벌레 한 마리
가스관 안에 숨었습니다
아무리 털고 불어도
가스레인지는 켜지지 않습니다

이젠 안녕, 되뇌는
그대 곁에 맴돌고 싶어
영원히 함께하고 싶어
계절만 몇 번 깊었습니다

이튿날, 거짓말처럼
가스레인지가 켜집니다

세상 어디라도

서 있을 수 없었습니다
몰래 그대 마음에 숨어 있다가
불붙을 수밖에

감나무

얼어죽은
딱 그 자리에 다시
감나무를 심었네

뿌리내려 한 잎 두 잎
새잎 돋을 때
내 꿈도 피어났네

날이 새고 멧새 떼 날아와
감나무를 흔들었네
햇살에 감잎 반짝 윤이 났네

비탈진 언덕배기
봄 여름 가고 가을이 오면
두런두런 익어 갈 것이네

빈집이 그 시절처럼
소란할 것이네

| 제3부 |

저문 들녘

고추잠자리

간들바람 타고
내 곁에 내려앉은 당신
가슴을 열고 가만
들여다보고 싶네요

앉았다 날아가고
날아갔다 또 내려앉는
돌고 도는 당신

강물에 비친 하늘은 찾으셨나요

내 맘도 노을빛도 붉은
어느 가을날

가을 소묘

까마득히 잊고 살던
나를 그려 보네

강아지풀 콧수염에
가시오가피 열매 두 눈
연분홍 코스모스 꽃잎은
입술에 붙이네

오간 데 없는 시절,
흘러가는 구름처럼 높이 떠
두리번거리네

꼭꼭 숨어 버린 나를 찾아
담쟁이처럼 돌담 기어오르네

뺄뺄 얼굴 붉어 나도
한 잎 꽃으로 남겠네

느티나무

평생 제자리다

새봄에 장만한 단벌
가을 가고 겨울이 오기 전
벗어 이불을 짓는다

땡볕엔 그림자로 방패 치고
칼바람은 맨몸으로 막아선다

장승 되어 꼿꼿이 오늘도
동구를 지키고 있다

벌써 십 년
감감소식 없는 친구 기다리는
백발

접속

휴대폰도 끄고
내가 나를 찾아가는
나를 토닥이는

아직도 헛물만 켜는지
풋내 가시지 않아
지도 없이 떠나네
심장조차 잠재운 채

자꾸 뒤돌아
뒤돌아봐도 발자국 보이지 않네
나를 찾아 내비게이션을 켜네
세상 속으로 접속하네

숨통 죄는 도시를 떠나왔건만
내가 찾던 것들은 결국
그곳에 있었네

교각 아래 유유한 듯 저 강물도
잔물결 끊이지 않네

거미

이쪽에서 저쪽으로
긴 줄을 띄우고
촘촘히 박음질합니다

바람 불고 비가 내려도
당신과 나를 당겨
한 땀 한 땀 시침니다

바늘이 어긋날 때마다
가만 밀고 당겨
모서리까지 촘촘히 꿰맵니다

느슨하게 풀어주는 일
팽팽하게 당기는 일
단단하게 한 채 짓는 일입니다

때로는 내 손의 바늘에 찔려

피가 나겠지만
평생 허공을 꿰매는 일은
숙명입니다

제비를 위한 밤

젖은 흙과
마른 풀잎 물고 왔다
바람을 막아 집을 짓는다

처마 밑 성근 둥지에
나와 눈이 마주친

한 마리 제비를 위해
창문 열지 않으리
불 켜지 않으리

고단했을 하루 편히 쉬도록
이름도 부르지 않으리

모든 것이 가뿐해질 내일 아침
힘찬 날갯짓에
하늘 높이 날아오르리

〉

제비 한 마리
내 속눈썹 속에 집을 짓는다

저문 들녘

날이 새면 날마다
술도가지 끼고 살던

쥐똥나무 푸른 봄부터
노루 꼬리 서산 넘는 겨울까지
해종일 주정이던

빗물이라도 퍼마신다던
아랫마을 김 씨
비틀비틀 저문 들녘에
서 있다

밭은기침이 들녘을 울리고
굽은 등 사이로
어둠 먹먹하다

저 풀려 버린 등허리

새봄 오면 황소처럼 다시
일어설 것이다

어둠 속 별빛

고단함을 녹여 줄
차 한 잔을 들면
반짝 눈물이 고였지

그럴 때마다
나 어둠 속에 들었지

그루터기에 앉아
고치 속 애벌레처럼
닫힌 시간을 뚫었지

겹겹 껍질을 벗길 때마다
나를 가르치는 건
옆구리 터진 하루였지

그런 날은 무릎을 접고
두 손 모았지

〉

그 밤 어둠 속 별빛이

더욱 반짝였지

새 · 2

가슴으로 날아든
한 마리 새

남원 출장길에
찻상 하나 들고 오셨네

옻칠한 그 새, 세월 따라 훨훨
날아가고 없지만
벗겨진 둥근 찻상
기우뚱 나를 지켜주고 있네

긁히고 할퀴었건만
고운 빛 여전하네
맏며느리 가슴속에 푸드덕 날아오르는
보이지 않는 새 한 마리

무서리

내 마음 깊은 곳에

별로 뜬 그대

오늘밤
바람 소리 더욱 차네

어둠은 깊고
눈길 한번 주지 않네

내일 아침
얼어붙은 눈물인 듯
나 반짝이겠네

녹슨 꽃

구부정 호미를 쥐고 살았다

어머니 손은 재빨랐다
이 고랑 저 고랑 기어다니며
잡풀을 뽑아내던

한나절 비가 산수화를 그리는 날에도
어머니의 하루는
텃밭에서 저물었다

어둑어둑
큰 입으로 달을 파먹은 어머니,
이튿날이면 더 일찍
고랑을 기어다녔다

한술 뜨고 금방 나온다며
밭두렁에 꽂아 두고 간 호미

붉게 녹꽃이 피었다

고추와 가지 온갖 푸성귀 받아먹으며
절로 자란 줄 알았었다

홀아비꽃대

한계령 바람 타고
꽃씨 하나 날아와
휴대폰 가득 피었네

이름이 뭘까?
검색해 보니 홀아비꽃대라네
햇살 좋은 날 하얗게 피어
세상의 꽃이 된

꽃대 하나로
천지간에 홀아비 냄새 가득하네

깊은 산 쌓인 낙엽 속에
수굿이 숨어 있네

흙탕물

곤히 잠든 새벽을
흔들어 깨웠다

기습폭우에 물바다가 되어 버린
초토화 된
주렁주렁 수박 하우스

간신히 목만 내놓고
집이 무너지고
허리가 부러지고

내 지도가 사라져 버렸다

나를 또 쓸고 가는
흙탕물

거울

온종일
생각해 봐도
내가
누군지

거울 속, 너

낯설다

꾹 참다

어깨가 휠 때
등이 무너질 때

숲속에 든다

아무 일 없이
쑥쑥 자라는 줄 알았던 나무가
두런두런 온종일 혼잣말한다는 걸

속 시끄러워
가을이면 훌훌 옷 벗어 버린다는 것도
처음 안다

매일 아침 나도
화끈거린다고
속에 열불이 끓어 손부채질한다고
고자질하고 싶다

| 제4부 |

멍에

멍에

몸부림쳤지만
벗어난 게 아니었네

벗어나는 것이
해방인 줄 알았는데
또 다른 구속이었네

길을 잃고 헤매는 사람들
멍에라 생각 말고
받아들일 때
비로소 멍에 사라질 테니

두 어깨 휘도록 짐 진 이들이여
부디 안으시라
그 멍에 당신이리니
곧 한 살 되리니

용서

부딪히는 파도처럼
너 또한 그렇게
부서지고 있었네

인정하고 싶어도
그럴 수 없는
커다란 바위

나를 때려라 어서 와
나를 찔러라

퍼렇게 멍드는 너
그리고 나

하늘이 깊고
바다가 파란 이유겠네

새벽길

너에게 간다
시리던 별빛 이미 여위고
눈썹달 빠진 저 바다에
몸 부푼 파도 달려오겠다

밤안개 속 길을 열던
등불 심지 돋우고
어둠을 내모는 동해의 새벽

나보다 먼저
가슴이 달려간다
뜬눈으로 밤을 지새운
내 기다림이 밝아 오고 있다
그대에게 당도하기 전
이미 빛난다

발소리도 깨우지 않은 채
천 리 먼 길 간다

하행선

눈 내린다
창가에서 마시는
한 잔 커피는 쓰다
퍼붓는 눈보라 속
세상은 적막강산이다

펑펑 쌓이는 날엔
기차를 탄다
목적지도 없이 나선 길
정읍 지나 장성 지나
광주 송정역

외기러기처럼
낯선 곳에 내린다
가만 질질 끌리는
무거운 생각을 누인다

〉

더는 길을 찾지 말자며
하늘 한 폭을 바라보는
두 눈썹 끝이 젖어 있다

눈은 그칠 기미도 없고

태백 설화

눈보라 휘몰아친다
첫새벽 바람은 칼날이다
구름바다 사이 햇덩이 솟아오른다

날 선 돌 틈
아침 햇살에 안개 흩어진다

구름 쉼 없이 오가고
태백의 아침 밝아온다

살아 천년
죽어 천년을 산다더니
오랜 시간 갖은 풍상 끝에
피워 낸 은빛 주목꽃
세상을 지키고 있다

도서관에는 사람이 쓴 책 수북하고

도서관 밖에는 자연이 쓴 책
읽어도 읽어도 도무지 해독할 수 없는
하얀 태백

마음공부

손때 찌든
문을 밀고 들어선다
작은 새 소리가 날아다닌다
알 수 없는 날갯짓

세월이 그린 눈가의 주름
삶의 틈새로
낡고 바랜 바람 소리
우우거린다

늦가을 찬바람이
맞배지붕을 넘어가고
등판에 식은땀이 흐른다

입 봉한
전주향교 늙은 은행나무의 한마디,
산다는 것은
잎도 열매도 다 떨구는 일이라는

무거운 짐

마음
생각
행동
말을
옮기려는데

아직
꾸리지도 못했습니다

빈집

바람 부는 날
안부를 묻습니다

하루에도 여러 번
이름을 불러 봅니다
신호가 가다가 끊기고 또
끊깁니다

끝내 당신의 모습 보이지 않습니다
한나절, 당신이 오고가던
골목을 지킵니다

봄 여름 그렇게 보내고 또
온 가을 내내 기다립니다
희미해지는 집 문간에 쪼그려
빛 독촉하듯 기다립니다

우편함 속
켜켜이 쌓인 당신의 이름
지워지는 이름이 야속해 불러 봅니다

뒹구는 한 장 마른 낙엽 같을
그 소리에 답하시듯
무너진 대문 설주 틈새로라도
꼭 한번 다녀가시기를

꽈리

마당귀에 홀로
첫눈을 기다리다가
쪼글쪼글해졌다

반딧불 반짝이던 여름밤엔
작은 초롱을 들던
서둘러 종종거리던 가을 저녁엔
치자 빛 등불을 들던

어머니를 기다리다 지쳐
와락 눈물을 쏟아내던

한 바퀴 세상 끝을 돌아와
문드러진 속을 비운다
속 비운 꽈리,
쭈그렁 어머니의 빈 젖꼭지인 듯
가만 입에 문다

빈집 마당귀에서 되살려낸
먼 기억,
쪼글쪼글 내 유년을 불러낸다
쭈그렁 어머니를 부른다

당신

햇살 가득
번져 오는 아침이
가슴속에 펼쳐질 때
그 빛은
당신의 눈빛이었습니다

괜찮다,
다 괜찮다 쓰다듬는
아늑한 다독거림은
당신의 숨결이었습니다

당신으로 하여
넉넉하고 포근하게
하루를 여미는 시간
은총입니다

동지

진눈깨비 내린다
때아닌 번개,
마음에 얼룩얼룩
천둥이 친다

저무는 거리에
귀가를 재촉하는 발걸음들,
대답 없는 이름을 불러 본다

그대 돌아선 길
질질 끌리는 내 발걸음 뒤로
앞 강이 얼어붙는다

건널 수 없는 강 너머로
질척질척 진눈깨비 내리는

오늘 밤이 길고 멀겠다

생일

함박눈 내리네
축하는 습관처럼 잊히지 않고
눈 내리는 풍경은 선물이네

태어날 때 나는 크게 울었고
나보다 더 크게 운 사람
어머니였다네

딸 딸 딸 딸 또 딸을 낳은
희미한 그녀를 생각하네
밀려드는 파도에 한 잎 나뭇잎이
쓸리네

고통은 늙지도 않는지
어머니를 닦달했네
간밤 꿈속, 하얀 어머니가
파란 어머니를 몰아세우고 있었네

〉

식탁엔 식어 버린 미역국
어머니 무덤에도 펑펑
눈 내려 쌓이겠네

숲

별처럼 푸르기를

산보다 한 뼘 더 자라기를

잎 더 차고 넘치기를

바람 앞에 손잡아 주시기를

기다리며
나 주저앉아 있을 때

다 내려놓으라,
더 내려놓으라,
청량한 음성 들렸다

놓아야 숲이 된다 하셨다

늦가을

바람이 분다
은행잎 나뒹구는 황량한 거리
서성대는 가슴에
무서리 내린다

하늘과 땅 사이에 걸린
잊은 줄 알았던
그리움 하나

참새 떼가 쪼아대는 11월 한나절
한숨 더 깊어 간다

희미한 나를 돌아 나가는
쓸쓸한 발걸음
바람에 쓸려 간다

관절염을 앓는 계절이
절뚝거린다

|해설|

디아스포라의 하소연 혹은 절규

—안 영 시세계

안성덕 | 시인

그리스어 디아스포라Diaspora, 본토를 떠나 타국에서 살아가는 공동체 집단 혹은 이주 그 자체를 뜻한다. 기원전 6세기 바빌로니아에 멸망한 유다왕국의 유대인들이 중동 전역에 흩어졌다. 좁은 의미의 디아스포라는 대체로 그 디아스포라를 말한다.

정치·종교적 갈등이 주요 원인이었던 디아스포라가 1990년 이후 경제적인 이유, 교육적 기회, 문화적 이유 등으로 확대되었다. 미국의 정치학자 윌리엄 사프란William Safran은 디아스포라를 특정한 조건을 공유하는 고향을 떠난 소수공동체로 정의하고, 여러 조건 중 '현재 살고 있는 사회에서의

소외와 격리'와 '회귀할 이상향'의 경우를 주목했다.

우리 민족도 19세기 말부터 21세기 초 사이 디아스포라를 경험했다. 조선 말기의 혼란을 피해 1860년부터 연해주와 만주로, 1910년 일제의 국권 침탈 후에는 정치·경제·사회적인 이유의 해외 이주가 늘어났다. 1945년 광복 직후부터 1953년 한국전쟁 종전 시까지는 이념과 피난 등으로 인한 이주가 많았으며, 1970년대부터 2000년대 초는 대규모 공장이 들어서고 상대적으로 돈이 많이 도는 대도시로의 디아스포라였다.

디아스포라, 시대·사회·문명·문화 이방인들의 트라우마는 치유되고 또 위무 받아야 한다. 실패하고, 소외되고 따돌림 당하는 약자들이, 소수자들이 자신들의 정체성을 잃지 않으려 몸부림친다. 처지가 처지를 알고 아픔이 아픔을 짐작하는 법이다. 약자와 소수자들이 하소연하고 절규한다. 그 하소연과 절규를 듣는다.

1. 이향離鄕

고향이 나를 만들었다. 고향의 하늘과 땅이 내 뼈를 세우고, 산과 들이 살을 올렸으며 햇볕과 바람이 혼을 불어넣었다. 정든 고향은 내 부모요 내 형제다. 결코 나와 떼어놓을 수 없는 고향 산천을 떠났다. 부모 형제를 두고 왔다. 떠나와

서 밤마다 꿈이요. 꿈마다 고향이었다. 꿈은 현실 도피일 가능성이 농후하다. 꿈에도 그리는 고향은 겨우 명절 때나 한번 다녀올 수 있을 뿐 멀고 멀었다. 오늘날처럼 사통팔달 교통이 트이지 않았다고 해도 사나흘이면 다녀올 수 있으련만 현실은 그리 녹록지 않았다. 눈 감고도 훤하던 고향을 떠나와 두 눈 부릅뜨고도 나자빠지기 일쑤였다. 가로등 훤한 타향 길에서 자주 고꾸라졌다. 도회의 하늘은 늘 흐렸으며, 도회의 바람은 풀풀 먼지만 날려 눈앞을 흐려 놓았다. 입 하나 덜자고 밥숟가락 하나 들고 대도시행 밤열차를 탔다. 남 보란 듯 성공하겠노라고 다짐 다짐을 하며 어머니의 품을 떠나와 낯선 땅에 살았다.

올챙이 집이었다가
소꿉놀이 적 흰구름을 가둬 둔
밥그릇이었지

검정 고무신,
추석 전날 밤 머리맡에
새 신발 놓고 잠이 들면
어머니는
꽃가루를 가득 넣어 주셨지
한겨울 푹신한 짚을 넣어 주셨지
발을 씻다가 그만

한 짝 떠내려 보냈지 동동거리며
울어 봐도 소용없었지
끝내 찾을 수 없었지

—「검정 고무신」 부분

바람 불고
그치지 않고 눈 내리네
뒤꼍 대밭이 웅성웅성 쌓인 눈에
휘청거리네

해가 지고 이슥고
세상은 온통 검은 그림자
결국 안타까워질 거란 걸
미처 몰랐네

그을음의 시절
말갛게 등피를 닦으면 보이려나,
손수건을 꺼내네
떠나온 그 사람 끝내 얼룩이 될 줄
진정 몰랐네

—「몰랐네」 부분

고향 하늘은 겨우 세 평이었다. 고향 들판은 끝 간 데 없었으나 우리 것이 아니었다. "검정 고무신" 신고 천방지축

뛰놀 때는 몰랐으나, 검정 고무신에 올챙이를 잡고 "흰구름을 가둬" 둘 때는 몰랐으나 내가 설 곳은 없었다. 명절 때나 어찌어찌 얻어 신은 검정 고무신, "머리맡에/새 신발 놓고 잠이 들면/어머니는/꽃가루를 가득 넣어 주셨"다. "한겨울 푹신한 짚을 넣어 주셨"었다. 그런 고향을 두고 우리는 대처로 나왔다. 정확히 말해 떠밀렸다. 뒤숭숭한 꿈마다 "발을 씻다가 그만" 검정 고무신 "한 짝 떠내려 보"내고 소용없는 울음을 울었다. 낯선 땅에는 늘 "바람 불고/그치지 않고 눈 내"렸다. 일찍 "해가 지고… 세상은 온통 검은 그림자"뿐이었다. "그을음의 시절"은 길었고 밤마다 "말갛게 등피를 닦"아도 발붙일 곳은 없었다. "손수건을 꺼내" 눈물을 훔치며 낯선 땅을 견딜 뿐이었다. "갓 스물에 객지/청춘은 쉬이 오지 않는 봄만 같았다". "얼음집에 핑크빛 맞주름 커튼을 달고" 울며불며 "뜨지도 않은 무지개 꿈"이나 꾸는 게 고작이었다.(「봄동」) "어느 가지에도 앉을 곳 없는 "한 마리 새"(「새」)는 자주 날개를 접을 뿐이었다.

어깨가 휠 때
등이 무너질 때

숲속에 든다
아무 일 없이

쑥쑥 자라는 줄 알았던 나무가
두런두런 온종일 혼잣말한다는 걸

속 시끄러워
가을이면 훌훌 옷 벗어 버린다는 것도
처음 안다

매일 아침 나도
화끈거린다고
속에 열불이 끓어 손부채질한다고
고자질하고 싶다

—「꾹 참다」 전문

얼어죽은
딱 그 자리에
감나무를 심었네

뿌리내려 한 잎 두 잎
새잎 돋을 때
내 꿈도 피어났네

날이 새고 멧새 떼 날아와
감나무를 흔들었네
햇살에 감잎 반짝 윤이 났네

비탈진 언덕배기
봄 여름 가고 가을이 오면
두런두런 익어 갈 것이네

빈집이 그 시절처럼
소란할 것이네

—「감나무」 전문

세상은 생각보다 넓고 무거웠다. "어깨가" 휘고 자주 "등이 무너"졌다. 쑥쑥 뿌리내리길 바랐고 소원했으나 내가 뿌리내릴 빈자리는 없었다. 두고 온 고향 생각이 사무칠 때면 하릴없이 공원 "숲속에" 들었다. "아무 일 없이/쑥쑥 자라는 줄 알았던 나무"도 "두런두런 온종일 혼잣말한다는 걸//속 시끄러워/가을이면 훌훌 옷 벗어 버린다는 것"을 알고 "열불이 끓"는 속을 다스리곤 했다. 겨우 변두리 산번지에나 발을 붙이다가 꿈에도 못 잊는 고향을 찾았지만 새벽같이 일어나 감꽃을 줍던 뒤란의 감나무는 이미 죽고 없었다. 할 수 있는 일이라곤 "얼어죽은/딱 그 자리에/감나무를 심"는 일밖엔 없었다. 어서어서 "뿌리내려 한 잎 두 잎/새잎 돋"기를 기다렸다. "봄 여름 가고 가을이 오면", 이방인으로 떠도는 삶의 끝자락에 찾아들어 없던 내 논밭의 곡식처럼 "두런두런 익어"가기나 소망했다. 세상 걱정없이 아직 어리던 그 시절처럼 "빈집이…소란"하기를 빌었다. "발목 젖은 고양이를/감싸주는 따뜻한 낙엽"(「발자국」)처럼 세상을 돌아온 내 발자국을 받아 주길 소망했다.

2. 세월과 시대

세월이 빠르다. 비둘기호 무궁화호 새마을호뿐이었을 때는 느려 터지던 세월이 쏜살보다 빨리 간다. Ktx가 시속 300km로 내달리니 세월도 그렇다. 세월이 가니 세상이 바뀐다. 핑핑 도는 세상을 따라잡을 수가 없다. 살아남으려면, 앞서가는 세월 놓치지 않으려면, 날아가는 세상 잃어버리지 않으려면 두 눈 부릅뜨고 정신 바짝 차려야 한다. 일등은 못 해도 꼴찌는 안 된다. 떠나온 건 고향뿐이 아니었다. 두고 온 것은 부모 형제뿐이 아니었다. 그립고 안타깝다. 눈에 담긴 정든 풍경들이, 그립고 따라갈 수 없는 세월이 이미 놓쳐 버린 세상이 안타깝기 그지없다. 두 눈 멀쩡히 뜨고 당달봉사 신세다. 세월은 단순히 시간만이 아니다, 시대며 시절이며 세상을 건너는 방법이다. 내 시대가 간다. 내 시절이 나를 두고 멀어졌다. 자꾸만 눈은 침침해지고 비틀비틀 걸음은 꼬인다. 인정사정없는 세월은, 세상은 나를 버렸다. 세월도 세상도 내 것은 아니었다.

평평 함박눈 내리면

고구마를 삶았다 어머니는
한 양푼 동치미를 꺼내 오셨다

살얼음 뜬 동치미를
한입 물면
주먹으로 암만 쳐 봐도 답답하던 가슴이
후련해지곤 했다
삶은 고구마에 체한 듯
내내 답답하기만 했던 내 열일곱은
그렇게 지나갔다

또 체했다냐,
어머니는 자주 고개를 갸우뚱하셨다
그해 겨울이 다 가도록 한 양푼 동치미를
말없이 내 방에 밀어넣곤 하셨다

차마 하소연 못 하고
동치미만 먹어대던 그해 겨울처럼, 펑펑
함박눈 내린다
고구마 삶아 줄 어머니도 없이
담가 둔 동치미도 없이

—「동치미」 전문

인절미 함지박 머리에 이고

자라가 되었다 목이 쏙
앞만 보고 걸었다

고무신 속 발이 꽁꽁
치맛자락은 동태처럼 와그락거렸다

환갑도 못 되어 가 버린 남편
눈 쌓인 선산에 묻고
지워진 길 더듬어 내려온 뒤로
평생 없는 길 내며 살았다

—「없는 길」 부분

그땐 몰랐으나 돌이켜보니 청춘이던 시절이었다. 캄캄한 현실이 두려워, 앞뒤로 둘러 쳐진 어둠이 무서워 "삶은 고구마에 체한 듯" 자주 가슴이 답답했다. 나는 하소연을 못했고 그런 내게 어머니는 "살얼음 뜬" "한 양푼 동치미를 꺼내오"시곤 했다. 내 체증에 "그해 겨울이 다 가도록 한 양푼 동치미를/말없이 내 방에 밀어넣곤 하셨다". 그 갑갑하기만 했던 시절, 새마을 운동으로 빨랫줄처럼 잡아당겨진 구불구불했던 논두렁을 가로질러 대처로 왔다. 김제 장날이면 "인절미 함지박 머리에 이고/자라가 되"던 어머니가 꼴 보기 싫었다. "환갑도 못 되어 가 버린 남편"을 "눈 쌓인 선산에 묻고/지워진 길 더듬어 내려"와 억척을 부리던 어머니가 미워 세월을 버렸다. 청상의 어머니를 두고 떠나와 떠돌았다. "하롱하롱 꽃잎이 지듯/비에 젖"(「쥐똥나무꽃」)어 세월을 허비했다. "화살보다 더" 빠르게 탕진해 버린 그 세월, 그 봄의 "그림자 다시 볼 수 없었다"(「벚꽃」).

안경을 맞췄다

젊은 날엔 젊음이 보이지 않았고
사랑에 빠졌을 땐
사랑이 보이지 않았다

어느 것도 제대로 볼 수 없어
흔들리고 두 겹인 세상

내가 흘린 말도 보이지 않고
바람이 쓸어 간
그림자도 만질 수 없다

취한 듯 멀건 대낮
세상이 춤을 춘다
나도 따라 비틀거린다

또 몇 달 지나야 안경에 나를
맞출 것이다

—「안경」 전문

오간 데 없는 시절,
흘러가는 구름처럼 높이 떠
두리번거리네

꼭꼭 숨어 버린 나를 찾아
담쟁이처럼 돌담 기어오르네

—「가을 소묘」 부분

자운영꽃밭엔
잉걸불 벌써 자울고
몇 날 며칠 황사가 침침하다

하얀 찔레꽃만
따갑게 따갑게
한철 모퉁이에 남아
찔러댄다

—「가는 봄」 부분

눈앞이 캄캄하다. 너무도 쉽게 탕진해 버린 청춘 때문이다. 아니다, 어디서도 환영해 주지 않은 세상 탓이다. "젊은 날엔" 희망이 보이지 않았고 나이 들어선 오늘이 보이지 않는다. 원시에 근시인 눈, 다초점 "안경을 맞"춘다. "어느 것도 제대로 볼 수 없어/흔들리고 두 겹인 세상//내가 흘린 말도 보이지 않고/바람이 쓸어 간/그림자도 만질 수 없다"

청춘을 버리고 쉬 나이 들어 버린 탓이다. 젊어서 제대로 못 본 세상 나이 들어서도 매한가지다. 지나온 세월이 "오간데 없"다. 내가 없다. "꼭꼭 숨어 버린 나를 찾아/담쟁이처럼 돌담 기어오르"지만 보이질 않는다. 청춘의 "잉걸불 벌써 자울"었고 몇 날 며칠이고 "황사가 침침하다//하얀 찔레꽃만 따갑게" 머리 위에 피었다. 그날로 돌아가면 희미한 내 세월 속에서도 "풀풀 장미는 분 냄새를 흩"려줄까? "떨어지는 꽃잎 치마폭에 받으며/멈출 수 없고/유턴도 되지 않는/세월을 거슬"를 수 있을까?(「그날로 가면」) 핑핑 가 버린 세월과 세상에 멀미가 난다.

3. 사람

세상 사람들 모두가 일가친척이요 이웃사촌인 줄 알았다. 하루에 두어 번 완행버스나 오가는 면소재지를 떠나, 하루에 서너 번 완행열차나 서는 읍내를 떠나 대처에 오니 사람도 많고 많다. 사람에 걸려 제대로 걸어 다닐 수 없다. 사람에 치여 힘에 부친다. 살붙이 같던 이웃들이 그립다. 많고 많은 사람 중에 따뜻하게 눈길 한번 주는 이가 없다. 길동무가 아니라 모두가 경쟁상대다. 너를 제쳐야 나도 살 수 있다. 떠나온 건 고향만이 아니었다. 두고 온 건 세월만이 아니었다. 사람을 두고 왔다. 사람을 떠나왔다. 돋보기안경을 써야만 보이는 발등 밑을 더듬으며 꿈에도 그리던 곳을 찾아보지만 이미 떠나온 사람이 아니다. 내가 두고 온 그들이 아니다. 백 년 천 년 의구하다던 산천도 이미 변했는데 사람이 그대로일 수 있으랴. 미처 챙기지 못하고 두고 온 사람이, 나를 두고 가 버린 사람이 그립다. 밤잠 안 자고 길 재촉하면 나를 앞서간, 나를 두고 간 그 사람들 따라잡을 수 있으려나.

가슴으로 날아든
한 마리 새

남원 출장길에
찻상 하나 들고 오셨네

옻칠한 그 새, 세월 따라 훨훨
날아가고 없지만
벗겨진 둥근 찻상
기우뚱 나를 지켜주고 있네

긁히고 할퀴었건만
고운 빛 여전하네
맏며느리 가슴속에 푸드덕 날아오르는
보이지 않는 새 한 마리

—「새」·2」 전문

어느 봄
너는 나를 한번 스쳤을 뿐인데

차츰 생기를 잃어가는 나

기다려도 기다려도
만지고 어르고
달콤한 말 쏟아내는
스포트라이트는 켜지지 않고

두 번 다시 만날 수 없는 너

결핍은 채울 수 있지만
욕망은 채울 수 없음을 깨닫기까지
너무 오랜 세월이 흘렀다

유추프라카치아를 닮은 나
내 안에 잦아들었다

—「유추프라카치아」 전문

사람은 돌아가고 새는 날아갔다. "남원 출장길에/찻상 하나 들고 오셨"던 분이 있었다. "가슴으로 날아든/한 마리 새"가 있었다. 그분이 돌아가셨다. 새가 떠나갔다. 세월이나 가고 말지 사람도 새도 떠나가 버렸다. 천지 간에 혼자인 듯 외롭고도 외롭다. 버틸 수 있게 견딜 수 있게 하던 인연들이었다. '유추프라카치아', 한 번 건드리면 그 순간부터 시름시름 앓기 시작하다가 3개월을 못 살고 죽어 버린다. 한 번 만지면 날마다 계속 만져 줘야 죽지 않는다. 애정 결핍증이다. 어렵게 온 내 청춘도 시름시름 앓다가 그만 죽어버렸다. 나 떠나와 두 번 다시 만날 수 없는 사람들, 그들은 이제 나를 잊었다. 남겨진 나는 "산기슭 초가집 툇마루/바늘에 찔린 며느리 손끝에 돋는/저녁놀"(「골무꽃」)처럼 "먼 하늘에나 침침한 눈을" 주느라 평생 충혈된 채 살았다. "뿌연 먼지 가득한 세상"이 싫다며 "유독 군자란만 좋아하던 그녀"(「그녀」)도 가고 없다.

구부정 호미를 쥐고 살았다

어머니 손은 재빨랐다
이 고랑 저 고랑 기어다니며
잡풀을 뽑아내던

-중략

한술 뜨고 금방 나온다며
밭두렁에 꽂아 두고 간 호미
붉게 녹꽃이 피었다

—「녹슨 꽃」 부분

바람 부는 날
안부를 묻습니다

하루에도 여러 번
이름을 불러 봅니다
신호가 가다가 끊기고 또
끊깁니다

끝내 당신의 모습 보이지 않습니다
한나절, 당신이 오고가던
골목을 지킵니다

봄 여름 그렇게 보내고 또
온 가을 내내 기다립니다
희미해지는 집 문간에 쪼그려
빛 독촉하듯 기다립니다

우편함 속
켜켜이 쌓인 당신의 이름
지워지는 이름이 야속해 불러 봅니다

뒹구는 한 장 마른 낙엽 같을
그 소리에 답하시듯
무너진 대문 설주 틈새로라도
꼭 한번 다녀가시기를

—「빈집」 전문

배고팠던 시절의 다숩던 사람들이 가고 없다. 어머니가 보고 싶다. 일찍 남편을 떠나보낸 여자는 항상 바빴다. "손은 재빨랐다/이 고랑 저 고랑 기어다니며/잡풀을 뽑았다". 잡풀을 뽑은 게 아니라 가난을 뽑고 또 뽑았던 거다. "한술 뜨고 금방 나온다며/밭두렁에 꽂아 두고 간 호미/붉게 녹꽃이 피었다". 녹꽃인 듯 이제 와 내 눈도 붉다. 아무도 없는 빈집, 버리고 떠났던 집을 찾아가 둘러본다. 어스름이 몰려와도 저녁연기 피워 올리던 당신이 없다. 일 년 내내 몸빼를 입던, "한나절, 당신이 오고가던/골목을 지"킨다. "희미해지는 집 문간에 쪼그려/빗 독촉하듯" 끝내 오지 않을 당신을 기다린다. "우편함 속/켜켜이 쌓인 당신의 이름/지워지는 이름이" 야속하다. 대문은 삭고 문설주는 무너졌다. 답답한 세상을 벗어나려 두고 온 사람들이 가고 없다. 무너진 건 대문의 설주가 아니라 나다. 입춘 지난 지가 언젠데 "진눈깨비 내린다/때아닌 번개/마음에 얼룩얼룩 천둥이 친다". 남은 날들이 "길고 멀겠다"(「동지」). "알전구처럼 반짝이던/눈이 흐릿해"졌다. "쉰 소리 마지막 인사말"을 건네는 "저녁이 축축하게 젖어 있"(「저녁」)다.

정든 고향, 빛나던 세월과 시대, 그리운 사람을 떠나온 우리는 디아스포라다. 약자로서의 삶이 필연인 현실은 늘

녹록지 않다. 정글의 법칙만이 존재하는 세상, 약자는 항상 핍박받고 불이익을 감수해야 한다. 코흘리개들도 스트레스를 입에 달고 사는 세상이다. 쓰나미처럼 밀려오는 안팎의 억압과 차별을 어이 감내하랴. 인공지능 기반의 제4차 산업혁명의 큰 물결 속에 우리가 있다. 수백 년이었던 산업혁명 주기가 불과 십 년 단위로 촘촘해졌다. 획획 변해 가는 세상을 따라가지 못해 멀미가 난다. 광속으로 날아가는 세상과의 속도 차를 줄여야 한다. 간극을 줄여야 한다.

안영 시인의 두 번째 시집 『내 속눈썹 속 제비집』은 산업화 이후 열외자와 소시민으로 삶을 연명해 왔던 우리의 비극적 시편들이다. 아리스토텔레스는 『시학』에서 비극을 감상하는 관객들은 카타르시스catharsis를 느낀다고 했다. 주인공의 불행이 관객들에게 연민과 공포를 유발케 하는데, 그 연민과 공포가 감정적 정화를 가져온다는 것이다. 카타르시스를 정신분석의 핵심 요소로 본 프로이드는 환자가 억눌린 감정을 인식하고 표현함으로써 심리적 치유를 경험한다고 주장했다.

우리는 때로 억울하고 힘들고 답답하고 외로울 때 누군가에게 그 편치 않은, 안녕 못하는 속내를 털어놓곤 한다. 하소연하는 것으로 위로받는다. 또 자분자분 풀어놓는 속내를 들어주며, 아 이 세상 누구도 나와 똑같은 아픔이 있구나,

아픔을 견디며 살아가는구나, 하고 위로받기도 한다. 『내 속눈썹 속 제비집』은 급격한 산업화 시대를 건너 광속으로 변하는 세상의 멀미를 하소연하고 견딜 수 없는 그 멀미에 절규한다. 산업화시대·정보화시대·인공지능시대의 디아스포라를 위한 시집이다. 서로 위로받고 위안이 되어 준다.